ÉTUDES CONTEMPORAINES

GÉRARD DE NERVAL

PAR

GEORGES BELL

PARIS

VICTOR LECOU, ÉDITEUR

LIBRAIRE DE LA SOCIÉTÉ DES GENS DE LETTRES

10, rue du Bouloi, 10

1855

ÉTUDES CONTEMPORAINES

GÉRARD DE NERVAL

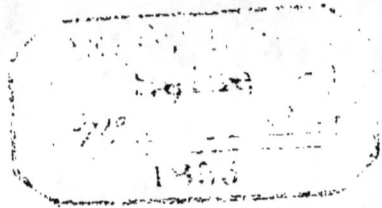

GÉRARD DE NERVAL

Aux heures tristes, retrempons-nous en parlant
de ceux qui nous furent chers.

DON JOAQUIN SUAREZ DE AQUILAR.

La postérité, à laquelle, bien plus qu'au temps présent,
s'adressait l'écrivain d'élite dont nous nous occupons, a
déjà commencé pour lui. Son œuvre est close. La librairie
pourra bien encore recueillir et grouper en volume, avec
les derniers travaux, quelques pages éparses çà et là et
négligées, après le jour de leur apparition, dans le clas-
sement des œuvres; mais nous ne verrons rien de nouveau. Dans les papiers, on ne trouvera, comme une
révélation soudaine, aucun de ces manuscrits commencés
quelquefois avec amour par le poëte se fiant à l'avenir,
et auxquels la mort froide et brutale vient brusquement
l'empêcher de mettre la dernière main. D'ailleurs, c'était

un résultat auquel on devait s'attendre avec Gérard de Nerval. Autant sa tête travaillait et remuait d'idées, autant sa main était paresseuse, pour ainsi parler. Il ne prenait la plume qu'au dernier moment, espérant sans cesse trouver et cherchant une forme meilleure pour exprimer ce qu'il avait à dire. Ce n'était qu'après une incubation longue et patiente, laborieuse toujours, et parfois même douloureuse, qu'il consentait à matérialiser sa pensée en la confiant au papier. Et alors encore des difficultés de détails, inaperçues pour tout autre, l'arrêtaient à chaque instant. Ces procédés d'exécution artistique expliquent suffisamment comment, Gérard de Nerval mort, son œuvre est bien finie.

Il nous est donc permis, dès aujourd'hui, de l'étudier et de montrer pourquoi et comment il occupe une place si éminente dans l'art contemporain.

Gérard Labrunie de Nerval est né au milieu des splendeurs militaires du premier Empire, et les fanfares guerrières ont accompagné ses premiers pas dans la vie. Il ne connut jamais sa mère, qui mourut dans une ville forte d'Allemagne, avant d'avoir cueilli le premier sourire de son enfant; son père, médecin militaire, suivait la grande armée; de telle sorte que Gérard fut confié aux soins d'un oncle maternel, qui l'emmena dans le Valois et l'éleva aux champs, émerveillant son enfance de tous ces récits aristocratiques qui sont les légendes des pays par lesquels ont sans cesse passé les seigneurs féodaux et les grands seigneurs de cour. Les guerres finies, l'enfant avait retrouvé son père. Avec lui il vint habiter Paris, et fit ses études au collége Charlemagne. Cependant les vacances le ramenaient périodiquement dans le Valois, et là il retrouvait tous ses compagnons et tous ses souvenirs du village, compagnons qu'il n'oublia jamais et qu'il allait souvent revoir, même dans ces dernières années; souvenirs qu'il aimait et qu'il caressait comme l'image lointaine et nuageuse d'un bonheur disparu !

L'âge d'homme n'avait pas encore sonné pour Gérard de Nerval, que déjà son intelligence précoce s'était émancipée et aspirait à marcher indépendante loin des sentiers battus. Un grand mouvement littéraire s'opérait alors. Les robustes fils des hommes de l'Empire retrouvaient dans les champs clos de la presse, du théâtre et du livre, l'ardeur batailleuse de leurs pères. Les luttes pour la rénovation de notre langue et de notre littérature étaient à l'ordre du jour. De leurs courses à travers l'Europe, les pères avaient rapporté des connaissances linguistiques qu'ils faisaient entrer dans l'éducation de leurs enfants. C'est ainsi que Gérard de Nerval apprit la langue allemande, et, à dix-huit ans, il publia une traduction du *Faust* de Gœthe, qui eut un immense retentissement. Déjà, à cette époque, il avait cette manie de l'obscurité qui l'a poussé à se dérober, sous une foule de pseudonymes, à une célébrité importune. Cette traduction est signée Gérard ; elle a eu plusieurs éditions. La dernière, revue par Gérard de Nerval, est accompagnée de la traduction du second Faust et de diverses poésies d'autres poëtes d'outre-Rhin. Elle a été publiée par la librairie de Charles Gosselin, et fait partie de la bibliothèque d'élite. (1 vol. in-18 anglais.)

Je viens de parler de la manie d'obscurité de Gérard de Nerval. Il nous l'expliquait un jour d'une façon qui mérite d'être rapportée.

« Ma famille, nous disait-il, me destinait à la diplomatie. Elle ne comprenait que ce moyen de satisfaire mes désirs immodérés de visiter tous les pays que je ne connaissais pas. Je voyais bien d'autres moyens; mais je n'osais les dire, ils n'auraient pas été approuvés. Alors je gardais

le silence et continuais à me livrer avec ardeur à mes travaux littéraires, mais en me cachant, cette clandestinité
étant nécessaire pour ne pas nuire aux démarches diplo-
matiques que l'on faisait en ma faveur. Puis le pseudonyme
me dispensait de poser ; je ne prenais dans l'éloge ou le
blâme de ceux qui avaient la bonté de s'occuper de moi que
ce qui me convenait, sachant bien qu'un jour ou l'autre on
me découvrirait, et qu'alors je n'aurais qu'à me montrer
pour être reconnu. »

Ce que Gérard de Nerval ne nous disait pas, ou plutôt
ce qu'il ne nous a dit que dans les dernières années et
lorsque la maladie le rendait plus expansif, c'est que, dans
la société de son père, au milieu de vieux débris de l'Empire, il avait conçu des opinions politiques tranchées, et s'é-
tait enrôlé sous la bannière libérale. Il prit part, en poëte,
aux luttes qui amenèrent la chute de la Restauration, publia un volume d'*Élégies nationales*, qui semblent un écho
des *Messéniennes*, et plus tard, sous le gouvernement de
Juillet, une brochure assez remarquable et fort rare, *Opinion patriotique du père Gérard sur les événements*. Ici
vient se placer un fait mystérieux et dont Gérard de Nerval
ne nous parlait jamais qu'avec des réticences. Vers cette
époque, il subit un emprisonnement préventif et connut, à
Sainte Pélagie, la plupart des notabilités du parti républi-
cain. Pourquoi cet emprisonnement ? Nous n'avons jamais
pu le savoir. Vingt fois nous avons mis Gérard de Nerval
sur la voie de nous le dire, vingt fois ses lèvres sont restées
muettes. Un jour seulement il nous promit d'écrire ses
souvenirs de prison, et, en effet, quelque temps après,
nous les trouvâmes dans L'ARTISTE, mais racontés avec cette
manière délicate et voilée qui n'appartenait qu'à lui.

La politique, avec ses exigences de partis, ne pouvait
longtemps occuper un esprit aussi indépendant que celui

de Gérard de Nerval. Peut-être même la prison lui avait-elle fait sentir, quoique un peu tard, tout le danger de ces luttes contre un pouvoir établi ; car la prison était le plus dur supplice qu'on pût infliger à un homme comme lui. Il fallait à ses poumons l'air libre, à ses pieds de voyageur l'espace sans entraves. Il n'avait rien de ce qui fait les stoïciens et les martyrs, surtout dans un temps où stoïcisme et martyre signifient tout souffrir, pour reprendre, après la douleur, la tâche à l'endroit abandonné. — Gérard de Nerval revint donc tout entier aux lettres, et dès lors ne les quitta plus.

Il ne les avait jamais délaissées qu'en partie ; car, plus que tout autre écrivain de ce temps-ci peut-être, il n'a jamais aspiré à être qu'un littérateur, et prisait cette profession au-dessus de toutes celles qui sont d'ordinaire recherchées par les ambitieux. Des dernières années de la Restauration date sa collaboration au *Mercure de France*, que dirigeait alors M. P. Lacroix, plus connu sous le nom de bibliophile Jacob. On ne signait guère alors les travaux qui paraissaient dans les publications périodiques. Cette coutume convenait parfaitement aux habitudes et aux goûts de Gérard de Nerval, et certes il se serait gardé d'y déroger, comme on se garde du feu. C'est pourquoi ce n'est pas sans peine qu'on retrouve dans les collections du *Mercure* trace de cette collaboration. Et encore l'esprit hésite-t-il souvent, car aucune authenticité matérielle ne vient à l'appui des conjectures, et l'écrivain n'avait pas encore cette physionomie tranchée, cette forme individuelle si connue de nous tous qui l'avons aimé, et qui nous empêchera toujours de confondre son œuvre avec l'œuvre de n'importe quel autre de nos contemporains.

De ces mêmes années datent encore les premières relations de Gérard de Nerval avec M. Jules Janin.

Les collections étaient à la mode, et M. J. Janin, mis en relief par la *Quotidienne*, travaillait beaucoup aux classiques français publiés par M. l'abbé Guillon, — qui plus tard est devenu évêque de Maroc et aumônier de la reine Marie-Amélie, — et M. Laurentie, — qui, après avoir occupé d'éminentes fonctions dans l'Université et travaillé à la *Quotidienne*, à côté de Michaud, est encore aujourd'hui un des principaux rédacteurs du journal l'*Union*. Gérard de Nerval désirait travailler à cette collection, et il fut par M. Laurentie renvoyé à M. J. Janin, qui en avait toute la direction littéraire. Ainsi commencèrent des relations qui n'ont cessé qu'à la dernière heure. Encore ici il nous est impossible d'indiquer quelle fut la part de travail de Gérard de Nerval dans cette collection, dont plusieurs volumes, la Fontaine entre autres, avec notice de M. J. Janin, sont encore mis entre les mains des jeunes gens dans les maisons d'éducation, surtout dans celles qui sont dirigées par des prêtres. Nous avons vainement cherché dans plusieurs auteurs qui nous paraissaient le plus volontiers devoir sourire à l'intelligence critique de Gérard de Nerval; nous n'avons nulle part trouvé son nom ou quelque chose qui pût nous le rappeler. Et cependant il nous a si souvent raconté lui-même tous ces détails, que nous n'hésitons pas à affirmer qu'il a travaillé à la collection des classiques qui porte le nom de l'évêque de Maroc.

Au reste, il serait superflu d'insister sur ces faits, s'ils n'étaient le point de départ d'une grande série d'idées dans laquelle nous allons voir entrer Gérard de Nerval.

M. J. Janin, à cette époque, était l'hôte de Harel, qui dirigeait le théâtre de l'Odéon, en attendant qu'il dirigeât celui de la Porte-Saint-Martin. Connaître M. J. Janin, c'était donc avoir naturellement ouverte la porte de Harel. Or, dans ce temps, de même qu'aujourd'hui, ce n'était pas une mince affaire que de pouvoir pénétrer familièrement jusque dans le cabinet d'un directeur. Tout le monde visait à donner à la scène française un répertoire nouveau. L'école romantique aventurait au théâtre des hardiesses fort séduisantes, surtout pour un esprit comme celui de Gérard de Nerval. L'Allemagne, le moyen âge, l'Orient, s'amalgamaient dans sa tête, et il jaillissait de là une foule de combinaisons dramatiques. Tout ce que le théâtre contemporain a créé de neuf, on peut dire avec vérité que Gérard de Nerval l'a rêvé. Il ne s'en allait pas encore à cette époque, comme il l'a fait depuis, éparpillant à droite et à gauche et jetant ses idées dans toute oreille qui voulait l'entendre. Il n'avait pas encore désespéré de pouvoir tout réaliser lui-même. Il n'avait pas pris ces habitudes d'insouciant semeur qui ne se préoccupe pas de la terre qui fécondera le grain et portera la moisson. Il aspirait, au contraire, à la gloire par le théâtre, et la gloire, comme l'argent, ne lui aurait pas fait défaut si, en cela, comme en bien d'autres choses, il ne s'était laissé emporter par une imagination trop vive et n'avait pas disséminé ses forces. Il savait encore, à cette époque, s'enclore dans un sujet dramatique et en tirer méthodiquement toute la substance, et il avait aussi l'énergie de travail nécessaire pour mener sans entraves l'œuvre entreprise à bonne fin.

Voilà pourquoi, dans la connaissance de M. J. Janin, Gérard de Nerval recherchait la connaissance de Harel. Celui-ci était l'homme des entreprises hardies. Intelligent et habile comme pas un, il convenait admirablement aux instincts et aux aspirations de la jeunesse littéraire qui voulait se frayer une voie en passant sur le corps des auteurs dramatiques de l'école impériale ; il avait tout ce qu'il fallait pour plaire à ces jeunes hommes avides de luttes et de renommée, pleins d'ardeur et de foi; il avait tout ce qu'il fallait pour les séduire : aussi accouraient-ils à lui de toutes parts.

Gérard de Nerval lui présenta une pièce légendaire où le moyen âge, déjà fort à la mode, passait tout entier avec ses croyances naïves, ses anges, ses démons et ses mœurs pleines d'excentricités, mais aussi de poésie. Qu'est devenu *Villon l'écolier*? Dans quelles limbes théâtrales a-t-il été enfoui? Nul ne le sait. Gérard de Nerval nous en parlait souvent; il nous en récitait des tirades entières. Mais, quand j'en ai parlé à ses meilleurs, à ses plus anciens amis, nul n'a pu apporter le moindre renseignement à mettre au service d'une investigation patiente et pieuse. Ils se sont souvenus de la pièce. Leur mémoire même a été jusqu'à rappeler des expressions. Mais de cette première œuvre dramatique, pas la moindre trace n'est restée, pas le moindre lambeau. Qui sait? Harel, peut-être, avait reculé devant une exhibition trop crue des temps féodaux, et, avec ce tact fin qui le caractérisait, il aura conseillé au jeune écrivain d'oublier ce drame, de le considérer comme un enfant trop précoce, promettant de monter une œuvre plus mûrie et charpentée d'une façon plus saisissante.

Quoi qu'il en soit de ces conjectures, c'est encore à Harel que Gérard de Nerval porta quelque temps après la *Dame de Carouges*. Ce drame, comme celui de *Villon l'écolier*, a disparu, mais pas tellement qu'il n'en soit resté des fragments assez significatifs pour nous y faire retrouver la trace d'un autre drame célèbre. Dans la *Dame de Carouges* nous sommes en pleine époque féodale : l'action se passe dans un de ces manoirs plus propres à soutenir des siéges qu'à servir d'habitation à des gentilshommes et à de nobles dames. Un Arabe nommé Hafiz, ramené par la croisade, est esclave du seigneur de Carouges, et l'amour que ce musulman éprouve pour la châtelaine sert de pivot à toute l'action. Certes, il suffit d'indiquer ces arêtes grossières pour que chacun y reconnaisse la charpente première d'une autre œuvre qui a eu un immense et légitime succès. Nous ne prétendons rien induire de là ; nous ne vivions pas dans ce temps, nous ne connaissons qu'imparfaitement et par ouï-dire les mœurs de l'époque ; mais de semblables coïncidences nous ont toujours paru singulières, surtout en réfléchissant à la position d'un directeur de théâtre, à la discrétion duquel est forcément obligé de se confier un jeune littérateur. Nous l'avons dit, la *Dame de Carouges* a eu le sort de *Villon l'écolier*. Le manuscrit a été perdu.

Il en est de même d'une troisième pièce dont nous ne connaissons que le titre, *Tartufe chez Molière*. Dans nos entretiens avec Gérard de Nerval, jamais nous n'avons pu savoir ni ce qu'était cette pièce, ni si elle avait été représentée.

Toutes ces mésaventures, au lieu de décourager Gérard de Nerval, ne faisaient que le rendre plus âpre au travail. Comme un esprit qui cherche sa voie, il étudiait une foule de choses qu'on n'étudie guère de nos jours. Il trouvait surtout des jouissances infinies à s'initier aux mystères des sciences occultes. Il croyait avec une foi naïve à toutes les histoires de nécromancie et d'enchantement. Le monde invisible et supra naturel le comptait au nombre de ses plus fervents adeptes. Avec des lambeaux de la Kabbale, des rêveries mystiques de Cazotte, de la théosophie de Saint-Martin, des œuvres éparses de Swedenborg, qu'on connaissait à peine, il composait des théories à lui pour expliquer tout ce qui aurait pu le surprendre, et il croyait fermement et à ces théories et à leur efficacité. Ce qu'il devint sous l'empire de ces études multipliées, il l'est resté toute sa vie, et bien peu, parmi nous, l'ont connu différemment. Ses plus anciens amis et camarades, Théophile Gautier, qui, bien que plus jeune, avait été lié avec lui sur les bancs du collége, — Arsène Houssaye, qui partageait avec lui, avec Éd. Ourliac, avec Th. Gautier, avec Célestin Nanteuil, et quelques autres peintres, l'ancien prieuré du Doyenné du Louvre, — habitation charmante malgré sa vétusté, dont Gérard de Nerval devait plus tard nous écrire l'histoire dans ses *Petits châteaux de la bohème*, — tous se rappellent l'avoir connu sans cesse préoccupé de quelque légende miraculeuse. Ses études sur le moyen-âge, alors dans le goût de tous, ne favorisaient du reste que trop ces dispositions de son esprit. Bien d'autres comme lui à cette époque croyaient ou feignaient de croire aux sylphes, aux gnomes, aux farfadets, aux vertus cachées des spécifiques, aux philtres, à l'influence des esprits. Tout cela peut nous paraître bizarre aujourd'hui. Mais tous nous y avons cru, ne fût-ce qu'un instant, quand Gérard de Nerval nous en parlait. Il avait dans la voix des inflexions si douces, qu'on se prenait à l'écouter comme on écoute un chant. Tous ceux qui ont entendu cette voix ne l'oublieront jamais. Hier encore elle m'était rappelée par un de ses amis les plus chers, Alfred Busquet. Alors qu'importaient les récits incroyables que nous faisait Gérard de Nerval? On l'écoutait pour avoir le plaisir de l'entendre parler; et, peu à peu, cette voix douce et mélodieuse vous tenait sous le charme. Votre esprit suivait l'esprit du poëte dans le monde de ses rêves et se laissait bercer comme dans une ravissante illusion.

Il en est de même de ce qu'il a écrit sous l'impression de ces idées. Confiez à une autre plume que la sienne la *Main de gloire*, qui fait partie du petit volume des *Contes et Facéties*, et vous n'aurez qu'une histoire invraisemblable qui vous fera rire, ou qui, du moins, vous touchera fort peu. Avec Gérard de Nerval, au contraire, vous êtes pris dès les premières pages; vous avez beau vouloir ne trouver là dedans qu'une fantaisie de l'imagination, vous êtes obligé de subir l'attrait singulier que cet écrivain a jeté sur tout ce qu'il a écrit. A quoi cela tient-il? où Gérard de Nerval a-t-il puisé cette puissance? Beaucoup parmi nos plus habiles, — et tous le lisaient et tous l'étudiaient, — ont voulu s'en rendre compte. Mais c'est là une de ces facultés qui échappent à l'analyse, une de ces facultés que n'expliquent ni les philosophies ni les esthétiques. Elle prend sa source ailleurs que dans les procédés matériels de l'art. Pour la connaître, l'apprécier, et peut-être en suivre le développement, il ne fallait pas prendre l'œuvre, mais bien s'approcher de l'homme et l'aimer.

Insoucieux de la gloire, au point de vue que nous avons marqué, Gérard de Nerval était encore plus insoucieux de l'argent. D'ailleurs, à cette époque, il n'avait nullement senti les rudes atteintes du besoin. La libre jouissance de la dot de sa mère lui avait été donnée à sa majorité, et il en usait largement pour satisfaire ces mille fantaisies de l'heure présente qui transformaient toutes les maisons par lesquelles il passait en magasins de bric-à-brac. D'une nature trop indépendante pour se créer le souci d'une fortune à gérer, il vivait avec ce patrimoine, comme Jean de la Fontaine avec le sien, mangeant son fonds avec son revenu, et donnant un libre cours à sa manie voyageuse. Il était sans cesse par voies et par chemins, soit dans les environs de Paris, qu'il connaissait mieux que personne dans leurs plus mystérieux recoins, soit en Touraine, fouillant les anciennes demeures royales et seigneuriales qui ont éparpillé tant de richesses artistiques lors de la disparition des grandes existences de château, soit enfin dans cette portion du midi de la France que baigne la Dordogne, et où il avait des parents du côté de son père.

C'est peut-être encore vers ces temps qu'il faut placer ses premiers voyages en Italie. Comme il écrivait peu à cette époque, et que lui-même ne nous a jamais rien dit de positif quant à la question de date, nous nous garderons bien de rien préciser à cet égard. Et cependant il est bien certain qu'il avait vu l'Italie ; c'est même à Naples que, pour la première fois, il se trouva aux prises avec les besoins d'argent.

Au début de ce voyage, il fit, c'est lui-même qui le raconte dans les *Filles du feu*, rencontre à Marseille, aux bains de mer, d'une Anglaise charmante, dont la figure portait l'empreinte d'un mal poignant et contenu. Gérard de Nerval se sentit entraîné vers elle par une de ces attractions sympathiques qu'on n'explique pas, mais que tout le monde a ressenties. Ils nagèrent ensemble avec la liberté qu'autorise la mer. Entre deux vagues, la dame anglaise lui donna un petit poisson qu'elle venait de prendre avec la main, et glissa à son oreille ce mot presque mystérieux : « *Remember !* — Souviens-toi ! » Cette scène, avec toutes les circonstances qui l'accompagnaient, ne pouvait manquer de produire un immense effet sur l'imagination naturellement exaltée de Gérard de Nerval. La figure de cette Anglaise ne devait plus sortir de sa mémoire. Il nous en a souvent parlé, surtout lorsqu'il rappela ce souvenir dans les *Filles du feu*. Il est vrai que, plus tard, lorsqu'il était à Naples, un jour qu'il visitait les ruines des villes englouties, il avait de nouveau rencontré cette dame, plus pâle encore et plus souffrante qu'à Marseille. Il lui avait montré le petit poisson desséché entre deux feuilles de son calepin de voyage. Un sourire mélancolique et triste s'était épanoui un instant sur des lèvres déjà blêmes, mais belles encore. Puis on s'était dit adieu, et tout s'était évanoui comme dans un rêve.

Dans la vie de Gérard de Nerval, c'est la première fois que se montre une espèce de sentiment d'amour.

Quand il rentrait à Paris, après ces courses qui duraient souvent plusieurs mois, Gérard de Nerval était possédé d'une passion immodérée de travail. Il éprouvait un immense besoin de se produire n'importe où. Mais ce qui l'attirait surtout, c'était le théâtre. Il sentait en lui une exubérance d'idées qui ne pouvaient pleinement se faire jour que dans les œuvres dramatiques. Depuis longtemps déjà Gérard de Nerval connaissait A. Dumas.

Un hasard, un service rendu, les avait faits amis. Un jour, ils s'étaient rencontrés sur la place du Carrousel; Dumas partait pour un voyage, Gérard de Nerval rentrait au logis. Avant de partir, et afin d'oser se mettre en route, Dumas ramassait tout l'argent qu'il pouvait trouver. Il lui manquait un billet de cinq cents francs pour parfaire la somme qu'il avait assignée à ses dépenses. Gérard de Nerval, riche encore, avait le billet sur lui, et il le fit passer promptement de son portefeuille dans celui de Dumas. De pareils services rendus et acceptés ainsi n'étaient pas rares à cette époque où la fraternité littéraire ne se bornait pas à un vain mot. Ils établissaient d'excellents rapports de camaraderie entre hommes suivant la même route et pouvant sans cesse et devant s'aider et s'encourager mutuellement.

Au moment où nous sommes arrivé, Dumas passait et pouvait passer, sans exagération ni flatterie, pour le plus habile faiseur dramatique du temps. Ce qui lui manquait, ce qui lui a toujours manqué, la faculté créatrice et inventive, d'autres avaient soin de l'avoir pour lui. Des propositions sans nombre de collaboration attendaient sans cesse l'auteur célèbre à sa porte, et les directeurs de théâtre, qui avaient là confiance la plus illimitée dans son habileté, avaient soin d'indiquer ce chemin à tous les jeunes gens dé-

sireux d'entrer dans la carrière dramatique. De même qu'on
voit des esprits incapables de féconder une idée dont le
germe ne leur appartient pas, de même on en voit d'autres
pour lesquels ce serait une chose presque impossible de
trouver une idée neuve ou originale, et qui fécondent admirablement celles d'autrui. L'esprit de Dumas est de ceux-ci,
et cette simple observation explique pourquoi tant de per-
sonnes diverses ont si souvent contesté la paternité de ses
œuvres, contestations, du reste, que nous ne comprenons
guère, et que nous avons toujours considérées comme un
appel à la réputation.

Ayant indiqué, comme nous l'avons fait, les relations qui
existaient déjà entre les deux hommes, on ne s'étonnera
pas de voir Gérard de Nerval aller proposer à Dumas d'ex-
ploiter avec lui certaines idées dramatiques qui avaient fer-
menté dans son cerveau pendant ses pérégrinations. Dumas
accepta d'autant plus volontiers qu'en ce moment on le désirait ardemment dans plusieurs théâtres. La collaboration
devait embrasser plusieurs genres, drame, comédie, opéra
même, Meyerbeer demandant aux littérateurs les plus en
renom de lui confier un *livret* qui le délivrât de la collaboration de M. Scribe. Cette histoire d'opéra est l'origine
de cette *Reine de Saba*, que rêvait déjà Gérard de Nerval,
et qu'il a mise enfin, faute de mieux, quinze ans plus tard,
dans les *Nuits du Rhamazan*. Si l'on est curieux d'en re-
lire tous les détails, beaucoup mieux racontés que nous ne
saurions le faire nous-même, on peut rouvrir le charmant
volume des *Petits châteaux de la bohème*. On l'y trouvera
tout au long. D'ailleurs, redire ici ce que Gérard de Nerval
a si bien dit lui-même nous éloignerait trop de notre sujet.
Nous y revenons.

La collaboration avec Dumas établie, on se mit à l'œuvre,
et deux pièces sortirent de ce travail en commun, deux

grands drames en cinq actes. Tous les deux, par leur sujet et leur esprit, indiquent assez que la pensée première était de Gérard de Nerval. D'après une convention intervenue entre les deux auteurs, chacun devait signer seul l'une des pièces, afin de pouvoir plus facilement la classer dans ses œuvres. L'*Alchimiste*, qui fut joué sur le théâtre de la Renaissance, aujourd'hui salle des Italiens, échut à Dumas; *Léo Burkart*, joué sur le théâtre de la Porte-Saint-Martin, à Gérard de Nerval. Cette pièce fait partie du volume dans lequel, sous le nom de *Lorely*, notre ami avait recueilli ses souvenirs d'Allemagne et de Hollande. A propos de *Léo Burkart*, j'ai souvent entendu nier la collaboration de Dumas, comme aussi, à propos de l'*Alchimiste*, celle de Gérard de Nerval. J'ai vu le manuscrit original de *Léo Burkart*; il est écrit par les deux mains. Il était encore, au mois de septembre 1850, en la possession de M. Théodore Coignard, qui le tenait de Harel. Je ne sais pas s'il y est toujours.

Après avoir visité le midi de la France, la Suisse, l'Italie, Dumas voulut visiter l'Allemagne. Il trouvait dans ces déplacements continuels des sujets de livres à une époque où il n'écrivait guère encore que des impressions de voyage. Gérard de Nerval l'accompagna outre-Rhin. Il allait chercher sur cette terre, qu'il devait aimer d'un amour si fervent, le cadre du Léo Burkart, qui déjà se mouvait dans sa tête. On peut lire dans *Lorely* les souvenirs de ce voyage. Nous n'assayerons pas de les rappeler. Renvoyer les lecteurs à Gérard de Nerval, c'est leur assurer une bonne fortune.

Pour dire la dernière de ces collaborations avec Dumas, il nous faut maintenant aborder le point le plus délicat de cette existence trop tôt brisée. Autant que nous l'avons pu jusqu'à présent, nous avons suivi le filon des idées en les coordonnant avec les dates, et cela explique pourquoi nous

2

n'avons pas dit plus tôt ce que nous allons dire maintenant.

Au train de vie que menait Gérard de Nerval, la fortune maternelle avait été assez promptement dissipée. Quant à ce que gagnait sa plume, soit au théâtre, soit par quelques travaux dans les Revues, toujours très-friandes de tout ce qui venait de lui, soit par des comptes rendus dramatiques dans les journaux, tels que la *Charte de* 1830, qui n'eut qu'une durée éphémère, sous la rédaction en chef de M. Nestor Roqueplan, ou le *Messager*, que dirigeait alors M. Achille de Vaulabelle (comptes rendus signés G.), c'était trop peu de chose et surtout trop irrégulier pour suffire à ses besoins. Gérard de Nerval, comme la plupart des hommes de cette génération, a vécu, tant qu'il l'a pu, d'une vie fort élégante. Toutes les fantaisies et toutes les commodités du luxe lui plaisaient et le séduisaient. Il aimait les parfums, les fleurs, les meubles de prix, surtout quand, au milieu de tout cela, venaient se mêler des femmes, ces êtres privilégiés de la beauté et de l'élégance. Tout dans ses manières était aristocratique, et on sentait, rien qu'en le voyant, que c'était un de ces hommes rares qui élèvent, ennoblissent et purifient tout ce qu'ils touchent. Il est fort dur, avec de pareils goûts et de pareils instincts, d'être privé de fortune, et cependant c'était là qu'en arrivait Gérard de Nerval, lorsque la mort de son oncle vint à propos lui donner un nouveau patrimoine.

Au nombre des richesses qui échurent alors en partage à Gérard de Nerval se trouvait une partie de ce domaine du Valois dans lequel il avait été élevé, domaine peuplé pour lui de souvenirs charmants, qu'il allait souvent retrouver en s'égarant, comme dans son enfance, sous les ombrages touffus qu'arrosent la Thève et la Nonette. Relisez *Sylvie*, dans les *Filles du feu*, vous y retrouverez un écho discret, quoique à peine voilé, des premières émo-

tions du poëte. Dans d'autres ouvrages encore, dans
Adrienne* de Longueval entre autres, qui fait partie du
même volume, vous aurez aussi la description exacte et
fidèle de ces lieux qu'il affectionnait entre tous. Sylvie,
Adrienne, sont deux noms qui sont souvent revenus dans
ses œuvres dernières. Faut-il croire qu'il écrivait une auto-
biographie, lorsque, avec cette forme de *Mémoires* qui lui
était familière, il écrivait comme lui étant personnelle l'histoire d'un jeune homme de la ville, amoureux et presque
fiancé d'une jeune fille de la campagne, la délaissant ensuite
dans un moment d'égarement, parce qu'au milieu d'une
ronde villageoise il a aperçu la demoiselle du château, et
que rien n'égale la beauté de celle-ci? Puis quelques années
s'écoulent sans qu'il reparaisse au village. Quand un hasard
l'y ramène, il retrouve Sylvie; mais l'autre, qu'est-elle de-
venue? Ça a mal fini, lui répond-on tout bas. Il respecte cette
discrétion. Il reste dans le doute et l'ignorance; mais plus
tard il croit, sous le feu de la rampe, reconnaître Adrienne
dans une actrice à la mode. Il l'aime, il en est aimé.

Tout cela est-il vrai? ou bien n'est-ce qu'une histoire,
comme tant d'autres, où la réalité vient sans cesse se mêler à la fiction? Je ne sais. Toujours est-il que ces noms de
Sylvie et d'Adrienne reviennent sans cesse sous la plume de
Gérard de Nerval, qu'il ne pense qu'à elles en allant revoir
son cher pays de Valois, et que jamais il n'a écrit le nom de
Jenny Colon.

Il l'aima pourtant bien et d'un amour comme peu en
ont ressenti, cette cantatrice que beaucoup se rappellent encore avoir connue sur les planches de l'Opéra-
Comique. Jenny Colon était une femme ravissamment belle,
et, certes, digne d'inspirer une semblable passion, si elle

---

* *Adrienne* était le nom primitif de l'histoire publiée sous le titre de
Angélique de Longueval.

eut pu comprendre une nature aussi délicate et aussi ex-
ceptionnelle que celle de Gérard de Nerval. Jamais homme
ne s'attacha plus à la femme aimée ; jamais adorateur ne
para mieux son idole. Pour lui plaire, Gérard de Nerval avait
chaque jour quelque invention nouvelle. Il voulait que rien
ne fût banal dans son amour. Tous les soirs on était sûr
de le rencontrer à la même place, à l'orchestre de l'Opéra-
Comique. Là il savourait isolément toutes les délices de son
adoration. D'une timidité d'enfant, rendue plus grande encore par l'état de son cœur, jamais il n'aurait osé aborder
Jenny Colon et lui dire la passion qu'il ressentait. Comment le lui dire, d'ailleurs ? Quelle langue emprunter pour
parler dignement à cette femme aimée entre toutes, comme
jamais aucune ne le fut ?... Et puis, si de semblables amours
ont leurs douleurs, n'ont-ils pas aussi leurs charmes en
eux-mêmes ; et ces charmes, qui peut en connaître l'ineffa-
ble puissance, sinon celui qui les porte dans son cœur ?.....

Cependant Gérard de Nerval était devenu sombre et taci-
turne. Tout ce qu'il éprouvait était précieusement concen-
tré en lui-même. L'amitié s'inquiéta de le voir ainsi, et on
surprit plutôt qu'on n'apprit son secret. Gérard de Nerval,
à cette époque, était déjà aimé par tout ce qu'il y a d'illus-
tre dans notre littérature contemporaine. Son caractère,
plein de cette bienveillance qui lui faisait sans cesse fermer
les yeux sur les défauts pour ne voir que les qualités, son
esprit distingué, sa douceur inaltérable attiraient à lui tout
le monde. Jamais Gérard de Nerval n'a perdu un ami ; il en
a sans cesse conquis de nouveaux.

Parmi ceux qui s'émurent vivement à la nouvelle de cet
amour muet pour Jenny Colon, je dois nommer en première ligne Balzac, Méry, Dumas. Les rapports de collaboration qui existaient entre eux permirent à Dumas de sonder
ce cœur malade. Il le fit un peu brutalement peut-être ; mais

enfin il obtint un aveu. Dumas ne vit qu'un moyen de guérir son ami, moyen qui l'aurait guéri lui-même en pareil cas. On connaissait les mœurs assez faciles de Jenny Colon ; on pouvait donc espérer de ne pas rencontrer de ce côté des obstacles trop rudes à vaincre. Méry s'unit à Dumas, et ensemble ils firent connaître à Jenny Colon l'amour qu'elle avait inspiré.

Jenny Colon ouvrit de grands yeux, comme si Méry et Dumas lui avaient raconté une de ces merveilleuses histoires qu'ils content si bien ; elle les écouta de toutes ses oreilles, et demanda à voir son amoureux. Ceci se passait dans les coulisses de l'Opéra-Comique. Le désir de Jenny Colon n'était pas difficile à satisfaire. On n'eut qu'à descendre aux stalles d'orchestre, et l'on trouva Gérard de Nerval à sa place accoutumée. Ses deux amis l'emmenèrent sur-le-champ, et, un instant après, eut lieu la présentation officielle. Les allures timides, unies à la distinction naturelle qui caractérisait Gérard de Nerval, plurent infiniment à Jenny Colon. Elle ne put réprimer le sourire qui venait épanouir ses lèvres roses et montrer une bouche adorable, quand elle vit cet homme supérieur trembler devant elle comme l'enfant devant son maître. Elle sentit cependant que ce n'était pas une chose banale qui se passait en ce moment. Elle encouragea de son mieux cette timidité qui lui faisait entrevoir un bonheur inconnu jusqu'alors, et l'on put tirer d'excellents augures de cette première rencontre.

C'était compter sans Gérard de Nerval, c'était surtout bien mal le connaître.

Rien de vulgaire ne pouvait entrer ni dans ses conceptions ni dans ses mœurs. Amoureux, il n'allait pas étudier sur la carte moderne du Tendre les moyens rapides de triompher de la beauté de son choix. Il lui fallait marcher dans des routes qu'aucun pied n'eût suivies avant le sien. Chaque jour il venait auprès de ses amis, devenus ses confidents, avec un nouveau projet en tête ; chaque jour il imaginait une manière nouvelle de plaire à Jenny. C'est ainsi qu'il composa le poëme de *Piquillo*, afin de fournir à l'actrice aimée une création digne d'elle. Monpou se chargea volontiers d'écrire la musique de cet opéra-comique, tout plein de fraîcheur, de grâce et d'originalité, et Dumas prêta, sur l'affiche, son nom à Gérard de Nerval. En même temps, sur les conseils de Balzac, il fondait une Revue d'une élégance rare, ornée de riches illustrations, afin de pouvoir parler à son aise de celle qu'il s'obstinait à élever sur un piédestal. Puis, le *Monde dramatique* fondé, son courage s'évanouissait, il n'osait rien dire et priait Théophile Gautier de tracer, de sa plume brillante, le portrait de Jenny Colon dans la galerie des jolies femmes de Paris. Cette Revue, véritable monument, était rédigée par tous les hommes d'élite de la littérature militante. Gérard de Nerval avait su grouper autour de lui toutes les forces vives de l'art contemporain. A côté des littérateurs, — peintres, dessinateurs, graveurs éminents, venaient à l'envi prendre leur part de besogne dans cette œuvre, qui, aujourd'hui, est un précieux objet de curiosité dans les quelques bibliothèques qui la possèdent. Quiconque veut se faire une idée exacte du mouvement artistique de cette époque doit consulter le *Monde dramatique*, et, quand il tiendra la collection dans ses mains, il ne pourra s'empêcher de tourner pieusement ces feuilles si magnifiquement illustrées, s'il songe que tout cela a été entrepris pour plaire à une femme et pour la glorifier.

Enfin, pour en finir avec ces créations inspirées par l'amour à Gérard de Nerval, disons qu'un jour, en Touraine, dans ses promenades à la recherche de curiosités artistiques, il avait trouvé un antique lit à colonnes, lit royal, a-t-on dit, mais qui était tout simplement un meuble superbe de la Renaissance. Était-ce une reine, une princesse, ou bien une noble châtelaine qui avait reposé sous les riches tentures du baldaquin auquel les colonnes servaient de supports? Nul ne l'a jamais su, et Gérard de Nerval n'en parlait que comme d'un meuble précieux. Toujours est-il qu'amoureux de Jenny Colon il fit dresser ce lit et le destina à devenir le sanctuaire mystérieux de ses amours; car, malgré toutes ses timidités, il sentait bien que l'heure du dénoûment était proche, dénoûment vulgaire pour une passion si poétique, mais il se faisait un devoir de parer le nid où il jouirait de son bonheur.

Cette heure arriva enfin, quoi que Gérard de Nerval fît pour la retarder encore. Jenny Colon était lasse d'être aimée ainsi. Elle n'avait jamais compris l'amour de la sorte, et aux amis complaisants qui venaient lui parler des tourments et des inquiétudes de son amoureux, elle répondait :

« Mais que ne fait-il hardiment quelques pas de plus en avant; je ne demande pas mieux. »

Un soir, après avoir joyeusement soupé en nombreuse compagnie, car l'état de son cœur n'empêchait pas Gérard de Nerval d'inviter ses amis et de les traiter splendidement, Jenny Colon, pétillante de verve, ravissante de beauté, enivrée, affolée presque par tout ce qui l'entourait, comprit que cet amour ne suivait pas la marche des amours ordinaires et qu'Elle devait se donner à l'homme qui lui valait tous ces hommages, qui lui-même brûlait un encens si délicat à ses pieds. Elle prit Gérard de Nerval sous son bras, et, triomphante comme une reine, elle l'entraîna vers la chambre du lit, laissant tous ces convives illustres terminer leur nuit à table.

La possession, loin d'affaiblir la passion de Gérard de Ner-

val, ne fit, au contraire, que la rendre plus vive et plus tenace.
Il est vrai que Jenny Colon, au point de vue de la beauté,
était une de ces créatures exceptionnelles qui laissent un
souvenir ineffaçable dans la mémoire de ceux qui les ont
connues. Trop jeune encore, à cette époque, pour avoir
une impression personnelle, je ne puis que rapporter ce
que j'ai entendu dire, et tous les témoignages sont una-
nimes pour accorder à cette femme un ensemble rare de
perfections. Gérard de Nerval, qui, jusqu'au dernier jour,
était resté excessivement sensible à tout ce qui portait
l'empreinte de la beauté, devait se laisser aisément domi-
ner par celle qui depuis longtemps était la maîtresse abso-
lue de son cœur. Elle prit sur lui un empire immense.
Fidèle dans son amour, comme nous l'avons tous connu
fidèle dans ses amitiés, qui furent nombreuses, ardentes,
et choisies malgré cela, il ne concevait pas de plus grand
bonheur que celui de travailler sans cesse en vue de celle
qu'il aimait. Que de vers sortirent alors de cette tête inspi-
rée par ce cœur! Mais où sont-ils? Quelques amis en ont
bien conservé des lambeaux épars çà et là, le plus souvent
confiés à la mémoire. Mais l'ensemble a disparu. Depuis
longtemps Gérard de Nerval n'en parlait plus. Autant il se
plaisait à nous réciter ces vers douloureux, enfantés dans
les heures d'angoisses et comme pour nous montrer que la
plaie était toujours vive et saignante dans son cœur, autant
il mettait de retenue, je devrais dire de silence, à nous
faire connaître les vers enfantés dans les moments heureux.
C'est que ces moments furent courts, et qu'après s'être
évanouis pour ne plus jamais renaître ils restèrent dans
la tête du poëte comme un mirage du passé qu'on entrevoit
sans cesse à l'horizon.

La vie du rêve, j'allais dire du regret, devait commen-
cer pour Gérard de Nerval avec le bonheur disparu. Privé

de l'objet de son culte, il devait le retrouver sans cesse dans sa pensée; il devait lui conserver intact le trésor de ses affections; il devait en faire le sujet éternel de ses aspirations artistiques, et, loin d'être une obsession, ces idées devaient lui faire oublier toute autre chose dans la vie, négliger tous les intérêts matériels, le rendre insoucieux de l'avenir et lui faire goûter les seuls moments heureux qu'il a peut-être encore connus.

Comment se rompit ce lien, comment s'opéra cette séparation? C'est ce que nous devons dire, quoique l'histoire soit assez lamentable et commune à presque tous les amours d'élite.

Si Jenny Colon était admirablement belle, son intelligence, son cœur surtout, étaient loin d'être dignes de cette beauté. Nature de courtisane, elle ne comprenait guère dans l'amour que les jouissances matérielles, et cherchait en livrant son corps ce qu'il pouvait lui rapporter, ayant en cela les principes ordinaires à toutes celles qui font trafic de leur chair. Elle exerçait, nous l'avons remarqué, un immense empire sur Gérard de Nerval, mais cet empire cependant n'était pas absolu. Une circonstance le démontra victorieusement à Jenny Colon.

A cette époque, on vivait beaucoup les uns chez les autres. Les artistes donnaient des fêtes comme des grands seigneurs, et les invitations à ces fêtes étaient fort recherchées. On était toujours sûr d'y rencontrer nombreuse et brillante société. Chacun était friand de se faire admettre à ces réunions, les femmes surtout, plus friandes que personne. Jenny Colon, sous ce rapport, était plus femme que toute autre, et, soit parce que sa beauté était sûre de rencontrer de faciles triomphes, soit pour tout autre motif, elle désirait ardemment assister à une fête que donnait Zimmermann, nom resté cher à tous les amis de la musique. Or, Zimmermann voulait recevoir chez lui les actrices qui font l'ornement et souvent la fortune de nos théâtres, mais à une condition : il fallait qu'elles fussent mariées. Gérard de Nerval avait reçu la confidence de Jenny Colon. Il fit des pieds et des mains pour lui procurer une carte d'invitation. Mais tout fut inutile, tous ses efforts vinrent échouer devant la condition fatale que Jenny était loin de remplir. Le pauvre poëte ne savait comment annoncer son impuissance. Enfin il se décida.

— Eh bien, épousez-moi ! fut toute la réponse de Jenny Colon.

Bien des illusions de Gérard de Nerval tombèrent à ce mot. Il ne pouvait croire que son amour eût besoin, pour sa maîtresse, d'être sanctionné par un lien légal. On lui avait bien soufflé à l'oreille que, depuis quelque temps, Jenny Colon était en coquetterie avec un musicien de l'orchestre, qui, le premier, avait prononcé le mot de mariage. Mais comment imaginer qu'on pouvait être supplanté par un semblable rival? Gérard de Nerval n'était pas de ceux qui apprennent, dès le berceau, l'aventure de Joconde. Il crut à un instant de dépit et demanda quelques jours pour réfléchir. Les jours accordés s'écoulèrent, et Jenny revint à la charge avec un acharnement qui montrait que, chez elle, c'était une résolution bien arrêtée. Gérard de Nerval sentit sa chère liberté prête à lui échapper. S'il consentait à l'aliéner, il voulait que ce fût par un acte volontaire qui allégeât autant que possible ce lourd sacrifice. Il ne pouvait consentir à subir ainsi une loi dure qui ne lui présageait que tempêtes dans la vie commune. Il refusa, quitta sa maîtresse, et, quelques jours après, Jenny Colon, devant l'officier municipal, changea son nom contre celui de madame Leplus.

Privé d'une femme si tendrement adorée, qu'allait de-

venir Gérard de Nerval?... Hélas! les jours mauvais et
douloureux avaient commencé pour lui. Au train de vie
qu'il menait, l'héritage de son oncle avait promptement
disparu parcelle à parcelle. Le *Monde dramatique* devait en engloutir les derniers débris. Cette œuvre, qu'aujourd'hui encore nous trouvons si belle au point de vue
de l'art, était une fort mauvaise spéculation. Après une
catastrophe qu'il ne rappelait jamais sans souffrir, Gérard
de Nerval se trouva réduit à payer ses collaborateurs
avec le magnifique mobilier qu'il avait laborieusement
amassé dans ses courses artistiques. Il le leur distribua
pièce à pièce, aimant mieux le voir ainsi passer dans
des mains amies que de le laisser vendre par le commis-
saire-priseur. Il ne garda pour lui que le beau lit à colonnes qu'il avait rapporté de Touraine, qu'il affectionnait, et
duquel il n'aurait jamais consenti à se séparer.—De toute sa
fortune passée, il ne lui restait que sa plume. Il est vrai que,
s'il avait pu s'astreindre à un travail régulier, cette plume
était de celles qui transforment ce qu'elles touchent en mi-
nes d'or.

Mais la régularité était fort antipathique à cet esprit
naturellement flâneur. Que de fois n'a-t-on pas donné, dans
divers journaux, le feuilleton des théâtres à Gérard de Nerval? J'ai déjà nommé la *Charte de* 1830, de M. Nestor Roqueplan, et le *Messager*, où Achille Brindeau eût été trop
heureux d'avoir sans cesse un camarade tel que lui. Quand
M. de Girardin fonda la *Presse*, c'est encore à Gérard de
Nerval qu'on pensa en même temps qu'à Théophile Gautier, pour confier aux deux amis la revue dramatique. Ils
travaillèrent en effet ensemble pendant quelque temps; mais
cette périodicité de publication ne convint bientôt plus à Gérard, et il abandonna tout le fardeau à Gautier, lui promettant seulement de venir le relever fidèlement quand celui-ci

éprouverait le besoin d'aller courir *tra los montes*, en Espagne ou en Italie, ou simplement d'aller vagabonder aux
champs, comme un écolier en vacances. Gérard n'y manqua
jamais, et son exactitude ne fut jamais en défaut : mais il
fallait qu'il aimât bien Théophile Gautier pour en agir ainsi;
car lui aussi avait un goût inné pour l'école buissonnière.
Il n'était heureux que lorsqu'il pouvait s'échapper et dispa-
raître pendant quelques jours, tout fier de nous revenir
avec mille histoires surprises en chemin. C'est pourquoi,
quand Théophile Gautier rentrait, à peine se donnait-il le
temps de l'embrasser, de lui serrer la main, de lui deman-
der s'il avait fait un bon voyage, tant il avait hâte de partir
lui-même, de s'aventurer sur le premier sentier qui se pré-
senterait à lui, dût ce sentier le conduire en Belgique ou en
Allemagne. Il est vrai que, à peine arrivé dans une ville im-
portante, il se souvenait de tous ses amis; et alors il nous
écrivait des lettres charmantes qu'il nous redemandait quelquefois plus tard, afin de compléter ses impressions de
voyage. Combien d'articles, publiés dans les journaux et
dévorés par un public toujours avide de tout ce qui sortait
de cette plume délicate, ont été d'abord de simples lettres
écrites avec cet abandon qu'on met dans une causerie avec
un ami! La *Presse* en a publié un grand nombre, d'Allemagne surtout, et, pendant que le feuilleton dramatique
était signé Gérard ou simplement G., ces articles paraissaient sous les pseudonymes de *Fritz* et d'*Aloysius*. Car il
avait à cette époque encore toute la tendance à l'obscurité,
que nous avons déjà eu occasion de mentionner.

On comprend que ces manières de travailler ne devaient
pas rapporter de fortes sommes d'argent à Gérard de Nerval, surtout dans un temps où nous voyons à quel rude la-
beur quotidien se soumettent les rares hommes de lettres
qui parviennent à la richesse. Notre poëte sentit souvent

l'aiguillon de la nécessité. Mais sa nature avait un tel besoin d'expansion, et pouvait si peu produire en dehors de ses heures et de sa liberté, que c'était alors surtout qu'il éprouvait une peine énorme à se mettre au travail. Ce même homme, qu'on trouvait d'ordinaire si plein d'exubérance et d'idées, était d'une stérilité pénible dans les moments de gêne. On eût dit que son cerveau se desséchait subitement ; un rien, une vétille l'arrêtait longtemps. L'imagination s'éteignait subitement, et il en était réduit à se promener des journées entières pour trouver dans la marche une excitation qui facilitât la génération de ses pensées. Dans ses courses, il ne voyait rien de ce qui se passait autour de lui. Il se perdait dans les foules, et trouvait de la sorte à s'isoler de manière à ne vivre qu'avec lui-même. L'ami qui le rencontrait alors et qui l'abordait était sûr de le déranger. Les premières paroles que lui adressait Gérard de Nerval ressemblaient toujours aux premières paroles qui échappent à un homme réveillé en sursaut. On l'avait réveillé en effet, mais du sommeil de sa rêverie.

Que de fois, à l'époque assez récente où il publiait dans le *National* ses démarches pour trouver un livre rare, l'*Histoire de l'abbé comte de Bucquoy*, ne l'avons-nous pas rencontré ainsi ?

Il écrivait son feuilleton au jour le jour, et ce qui lui plaisait dans ce tour de force, c'est qu'il était toujours sûr d'échapper ainsi à cet article de la loi d'alors qui frappait d'un centime additionnel le timbre du journal chaque fois qu'il y paraissait un chapitre de roman. En mêlant des souvenirs personnels et des aventures connues à des histoires fantastiques, Gérard de Nerval était certain d'esquiver la loi aussi longtemps qu'il le voudrait ; mais il ne cherchait nullement à se mettre en avance, espérant sans cesse que la loi serait rapportée, et que sa liberté lui serait rendue. Quand je le rencontrais ainsi dans la rue, l'air préoccupé :

— Je cherche mon feuilleton de ce soir, me disait-il, voyant que je n'osais l'interroger, dans la crainte d'effaroucher sa délicatesse.

Une publicité qui convenait parfaitement aux habitudes de Gérard de Nerval était celle des petits journaux. Elle lui permettait de satisfaire pleinement son amour de clandestinité.

Lorsque Alphonse Karr ressuscita le *Figaro*, un des premiers écrivains qu'il appela auprès de lui, pour l'aider et le seconder, fut Gérard de Nerval. Il est vrai que ce n'était qu'un rendu pour un prêté, car dans le *Monde dramatique* Alphonse Karr avait occupé une des meilleures places. Alphonse Karr, d'ailleurs, aimait Gérard d'une de ces amitiés vives qu'on ne voit inspirées jamais que par des hommes supérieurs. De son côté, Gérard de Nerval a fait pour Alphonse Karr ce qu'il ne faisait que pour Théophile Gautier. Le rédacteur en chef du *Figaro* ayant eu besoin de s'absenter, il remit à Gérard tout le soin du journal. Celui-ci s'acquitta de la besogne avec une exactitude scrupuleuse. Plus tard, presque de nos jours, Alphonse Karr ayant fondé une autre feuille quotidienne, le même cas se présenta. L'auteur des *Guêpes* n'hésita pas à prendre sa volée vers la mer. Il savait d'avance que rien de fâcheux n'arriverait, puisque Gérard de Nerval veillait à sa place. Ce que Gérard écrivit dans le *Figaro* est assez difficile à trouver. Cependant un de mes amis, et qui fut aussi celui de notre écrivain, Philibert Audebrand, fort expert en ces sortes de découvertes, m'a montré des articles évidemment échappés à la plume qui bientôt allait écrire les *Amours de Vienne*.

Avant d'en arriver là, cependant, Gérard de Nerval devait passer par une rude épreuve.

Le souvenir de Jenny Colon vivait toujours dans son cœur, et la pensée de cette femme, à force de fermenter dans sa tête, y porta un désordre maladif. Un instant ses amis conçurent des craintes sérieuses, mais bientôt, grâce aux soins affectueux et intelligents du docteur Blanche, les craintes disparurent, la santé revint, languissante d'abord, puis plus forte, enfin suffisante et capable de supporter un voyage, le remède le plus efficace pour les maladies de cette nature.

Gérard de Nerval, ayant chargé un de ses amis de régler toutes ses affaires et de ramasser tout ce qu'il pourrait sauver des débris de ses splendeurs passées, partit pour l'Allemagne, sa terre de prédilection. A peine le Rhin franchi, il se dirigea vers l'Autriche, qu'il ne connaissait pas encore, et arriva à Vienne au milieu de la plus brillante saison. Le nom de Gérard de Nerval était déjà fort populaire en Allemagne dans le monde des lettrés. Quoi que Gérard eût fait pour échapper à la gloire, elle venait le trouver dans ce pays auquel le grand Gœthe avait dit qu'il *ne pouvait plus lire son Faust en allemand, depuis qu'il l'avait lu, traduit par un jeune homme nommé Gérard, dans une langue sur laquelle Voltaire avait régné.* Cette opinion du plus grand homme de l'Allemagne moderne, textuellement consignée dans ses *Mémoires*, avait eu un immense retentissement. Gérard de Nerval reçut à Vienne un accueil splendide. Il y rencontra une femme que l'Europe entière connaît, et que je ne nommerai pas, parce qu'il suffit de dire qu'elle a partout recueilli le double hommage dû à la beauté de la femme et au talent de l'artiste pour que tout le monde la devine. Il trouva en elle tant de bienveillance unie à tant de grâce exquise, qu'il se crut sur le point d'aimer encore et d'oublier Jenny Colon. Sous l'empire de l'ancienne passion subitement réveillée, il écrivit à cette femme des lettres brûlantes qui la surprirent et excitèrent en elle le plus vif désir de connaître de plus près l'homme capable de peindre ainsi l'amour. Aux lettres, elle fit donc succéder les entretiens intimes. Hélas! le rideau se déchira tout à coup. Gérard parlait à une femme de l'amour qu'il éprouvait pour une autre. En réalité, c'était à Jenny Colon qu'il avait écrit.

C'est au début d'*Aurélia* ou le *Rêve et la vie*, la dernière œuvre qu'ait achevée Gérard de Nerval, qu'il faut lire ces détails. Il aimait ainsi souvent à mettre dans ses livres les divers accidents de sa vie, partant de ce premier point de réalité pour arriver par des demi-teintes et des nuances effacées jusqu'aux limites les plus extrêmes de la fiction et de la fantaisie. Pour guérir son amour, il avait cru trouver une autre amoureuse. En réalité, elle ne fut qu'une amie et qu'une confidente. Elle comprit mieux que Gérard de Nerval lui-même ce qui se passait dans son cœur; elle le poussa aux épanchements, et, quand elle eut obtenu des aveux complets, elle s'occupa de cicatriser cette plaie qui menaçait de rester éternellement vive. Les femmes ont toutes au fond de leur cœur un trésor de pitié et d'attentions douces qui les prédispose volontiers au rôle de sœur de charité. Elles accomplissent une mission de dévouement avec l'ardeur qui les porte au plaisir.

Gérard de Nerval, entouré de soins, au milieu de ce luxe qu'il aimait tant, retrouva quelques jours de tranquillité. Sa gaieté revint; il se montra dans le monde et regarda Vienne avec un œil où la bonhomie avait peine à dissimuler la finesse de l'observateur.

Ce fut un événement littéraire quand parurent, dans la *Revue de Paris*, les *Amours de Vienne*. La puissante école de 1830 arrivait à son plein épanouissement. Tout un nombreux public de lecteurs intelligents avait été créé, et chacun travaillait à l'envi pour ce public. La littérature marchande n'avait pas encore pris, dans les journaux et les revues, la place de la littérature artistique. On ne visait pas encore au grand nombre des volumes, on s'occupait avant tout de ce qu'ils devaient contenir. Par les *Amours de Vienne*, par un seul travail d'une étendue fort restreinte, Gérard de Nerval conquit sa place au premier rang de nos écrivains. Certes, avant cette époque, je n'ai pas besoin de le dire, Gérard était bien connu ; mais c'est des *Amours de Vienne* que date sa grande réputation. Depuis lors, il n'a plus hésité à signer ses œuvres.

Cependant ces satisfactions d'amour-propre ne guérissaient pas le cœur. Gérard de Nerval souffrait toujours, d'autant plus qu'il avait revu Jenny Colon à Bruxelles, et qu'il avait reçu de tristes confidences sur son nouvel état. Il résolut de mettre un monde entre cette femme et lui, espérant toujours que l'oubli viendrait peut-être avec l'éloignement. Il partit pour l'Orient, pays de rêves dorés, au milieu desquels s'était souvent promenée son imagination. Il vit les îles grecques, l'Égypte, la Syrie, le Liban, Constantinople. Il chercha des aventures et en eut, car il voulut vivre à l'orientale ; un instant même il eut la pensée de fixer sa vie dans ces contrées où l'homme jouit d'une grande indépendance individuelle, et peut-être, sans la maladie, aurait-il mis son projet à exécution. Mais la maladie vint le surprendre au moment où il choisissait sa demeure dans les montagnes habitées par les Druses, et pour recouvrer la santé, il fut envoyé à Constantinople. Au reste, qu'on reprenne son *Voyage en Orient* (2 vol. format in-18 anglais), on y retrouvera à peu près toute son histoire pendant cette lointaine pérégrination.

Ces deux volumes contiennent les *Amours de Vienne*, dont j'ai déjà parlé ; les *Scènes de la vie orientale* et les

Femmes du Caire, qui parurent d'abord dans la *Revue des Deux-Mondes* et puis dans le format in-8°; enfin les *Nuits du Rhamazan*, qui parurent d'abord dans le *National*, après 1848.

J'ai dit la sensation profonde que fit parmi les littérateurs l'apparition des *Amours de Vienne* dans la *Revue de Paris*. Ces souvenirs d'Orient ne firent que confirmer et agrandir la renommée de Gérard de Nerval. C'est avec une habileté sans égale qu'il mêle le pronom personnel à tout ce qu'il raconte, d'après une méthode qu'il affectionnait et qu'il avait empruntée aux écrivains mémorialistes, dans tous les temps sa lecture favorite. Il trouvait ainsi moyen de dissimuler adroitement la mise en scène qui est nécessaire à toute œuvre d'art. Dès les premières pages, il prenait, pour ainsi parler, le lecteur sous son bras, et l'entraînait avec lui sans lui dire où il l'entraînait, et cela d'une façon si naïve et si charmante, que volontiers le lecteur se laissait aller. De la sorte, Gérard de Nerval arrivait à tout exprimer sans jamais avoir effarouché par une allure trop brusque. On retrouve dans son style et dans sa manière de composer ce qui nous plaisait dans sa personne. A combien d'entre nous n'a-t-il pas dit des vérités qui nous auraient blessés de toute autre bouche que de la sienne? Et nous l'écoutions cependant, et presque toujours, quand il avait fini de nous parler ainsi, nous étions prêts à suivre le conseil qu'il nous avait donné et à le remercier. Nous savions que rien de nuisible ne pouvait venir de lui, que jamais une pensée mauvaise n'avait traversé son cerveau. L'homme se montrait tout entier dans ce qu'il écrivait. Il osait dire, il osait faire adroitement des choses devant lesquelles tout autre aurait reculé. Sa conduite artistique ressemble en cela à sa conduite privée. Dans les *Scènes de la vie orientale*, dans les *Femmes du Caire*, dans les *Nuits du Rhama-*

zan, il y a des scènes qui, dès le début, venant d'un autre écrivain que Gérard de Nerval, feraient lâcher le livre à la pudeur effarouchée. Pour lui, il semble jouer avec les sujets les plus délicats ; sa plume est toujours chaste ; le mot jette toujours un voile de décence sur la trop grande crudité du fond du tableau.

La première fois que j'ai vu Gérard de Nerval remonte à son retour d'Orient. Un paquebot le ramena à Marseille, que j'habitais alors, et avec lui nous rendit pour quelques mois le peintre Camille Rogier. Méry faisait les honneurs de sa ville natale à toutes les illustrations littéraires et artistiques que le hasard des voyages amenait sans cesse dans ce port, où l'univers passe en détail, disait-il avec son esprit habituel. Hugo, Dumas, Gérard de Nerval, Gautier, Balzac, Chateaubriand, ont connu tour à tour tout ce qu'un seul homme peut pour une ville. Méry se faisait le *cicerone* officieux de tous ses amis illustres qui visitaient l'antique cité marseillaise.

Depuis longtemps déjà Gérard de Nerval était lié avec Méry d'une de ces amitiés sympathiques que l'absence et l'éloignement rendent plus chères encore. Pendant un de ses séjours en Allemagne, Gérard avait passé pour mort, et M. J. Janin avait même écrit un long article nécrologique qu'on peut retrouver encore en tête de *Lorely*. Méry, n'habitant plus Paris qu'à de rares intervalles, n'avait eu que d'assez vagues nouvelles de son ami. Ce fut donc avec un vrai sentiment de bonheur qu'il reçut sa première visite au retour d'Orient. Il le conduisit le soir dans le salon qu'une noble dame, aussi remarquable par sa beauté que par la distinction de son esprit, avait la bonté d'ouvrir à nos causeries intimes, et c'est là que je le vis.

Gérard de Nerval avait alors une tête admirable et par la douceur du regard et par l'expression intelligente de la physionomie. Le soleil d'Orient avait légèrement hâlé la peau. Le teint était d'une pâleur mate. Les cheveux se faisaient déjà rares, et une courte barbe descendait en pointe jusque sous le menton. Au reste, toutes les manières et toute la tenue d'un gentilhomme, habitué dès l'enfance aux élégances de la haute vie, l'auraient fait distinguer entre tous dès le premier abord. Il produisit un grand effet sur toute la société au milieu de laquelle il était conduit, effet d'autant plus vif que Méry, quelques jours auparavant, nous avait raconté ses amours avec Jenny Colon. C'est par Méry que j'ai connu la plupart des détails mentionnés dans mon récit. Il est vrai que plus tard, lorsque la sympathie première se transforma en amitié de tous les instants, ils m'ont été confirmés par Gérard de Nerval lui-même, et dès lors j'ai dû croire à leur scrupuleuse exactitude.

L'accueil de Marseille n'était que le prélude de celui qui attendait à Paris Gérard de Nerval. Ses nombreux amis saluèrent ce retour d'Orient comme une résurrection ; on le combla de caresses, et l'écrivain put comprendre combien il était aimé et tendrement. Tous les journaux s'ouvrirent devant lui ; la *Presse*, qui, malgré ses absences, ne le comptait pas moins au nombre de ses collaborateurs les plus recherchés ; la *Revue des Deux-Mondes*, qui se souvenait trop des *Amours de Vienne* pour laisser échapper l'occasion de publier les souvenirs et les impressions rapportés de la Grèce, de l'Égypte, de la Syrie ; *L'Artiste* enfin, pour lequel Gérard de Nerval eut toujours une grande prédilection, surtout depuis que cet éminent recueil est passé dans les mains de l'un de ses vrais amis. Il a écrit de tout et sur tout dans L'Artiste. Il y a fait longtemps le compte rendu dramatique. Il y a publié des lettres, des voyages, des odelettes dans le genre de Ronsard et d'Anacréon ; enfin, c'est là qu'il a inséré un travail important et de longue haleine, la *Bohème galante*, qui fera partie des deux ou trois volumes qui restent encore à éditer en librairie, pour qu'on se procure la collection à peu près complète de ses œuvres dans le format in-18.

Je dis à peu près, parce qu'effectivement jamais on ne ramassera tout ce qu'il a écrit; lui-même ne l'aurait pas pu. Il aimait trop à s'éparpiller à droite et à gauche, recherchant souvent de préférence les feuilles les plus inconnues, pour qu'on puisse, nonobstant soins et peines, même concevoir l'espérance de l'avoir jamais tout entier.

Les travaux, pour ainsi parler, quotidiens de Gérard de Nerval ne l'empêchaient pas d'avoir les yeux sans cesse tournés vers le théâtre, objet de ses premières et plus constantes prédilections. L'histoire du *livret* de *Piquillo*, bien connue de tous ceux qui s'occupent de musique théâtrale, l'avait mis en relief auprès des compositeurs. Plusieurs lui demandèrent souvent de leur confier un poëme. Il préféra à tous M. Limnander, qui lui était envoyé par madame de Girardin, une de ces femmes de la haute société française qui savent encore avoir autant d'esprit que de cœur. Gérard de Nerval aimait beaucoup la maison de madame de Girardin. Dans ces salons, où ont passé tous ceux qui, dans ce siècle, ont conquis la gloire en suivant la carrière littéraire ou artistique, il avait obtenu des succès qu'il ne pouvait oublier. Aussi écrivit-il pour M. Limnander un poëme plein d'originalité et de fantaisie presque orientale, puisque la scène se passait en Espagne, au temps des luttes mauresques; mais les nécessités théâtrales bouleversèrent plus tard ces données premières, et ce poëme, qui devait raconter la légende de Pélage et du Cid, devint les *Montépégrins*. Nous ne dirons rien de cet opéra-comique. Il est encore au répertoire, et chacun peut aller l'entendre et le juger.

L'amour du théâtre était si grand chez Gérard de Nerval, que cet esprit si délicat d'ailleurs ne répugnait à aucun genre. Un jour même, en compagnie de M. Coigniard, il a fait du vaudeville bourgeois et rimé des couplets comiques, sur un air connu, pour le *Pruneau de Tours*.

Mais ces tendances théâtrales ne devaient trouver à s'épanouir librement qu'après la Révolution de 1848. Quelque temps après ce grand événement politique l'éminent acteur Bocage avait repris la direction du théâtre de l'Odéon. Bocage, voulant faire de l'art, s'entoura naturellement des écrivains qui depuis vingt ans honoraient la langue française, et que la scène avait eu le tort de trop négliger jusque-là. Méry, Gérard de Nerval, George Sand, furent les premiers appelés. Bocage abandonnait son théâtre à ces esprits d'élite, laissant libre carrière à leurs fantaisies et n'intervenant que pour faire interpréter leurs œuvres d'une façon digne d'eux et de lui. Il était sûr que, de la sorte, le public distingué, qui ne manque jamais à Paris, prendrait l'habitude de s'acheminer le soir vers l'Odéon, et que bientôt la fortune suivrait ce public.

Un semblable directeur était celui qu'avait toute sa vie rêvé Gérard de Nerval.

Sa tête était pleine d'idées glorieuses pour l'art dramatique français. Depuis longtemps, il nourrissait le désir de faire connaître les chefs-d'œuvre des théâtres orientaux, dont l'antiquité laisse bien loin derrière elle le théâtre grec. Au frontispice du *Monde dramatique*, — un chef-d'œuvre de Célestin Nanteuil,— tout en haut, sur la gauche, est dessinée une scène de l'*Orphelin de la famille de Tchao*, pièce chinoise, et comme pendant, sur la droite, une scène empruntée au *Chariot de Terre cuite*, une des plus belles pièces du théâtre indien. Dans le cours du recueil, et no-

tamment tome I, pages 43, 81 et 416, sont citées plusieurs scènes de ce drame. Gérard de Nerval a passé sa vie
à mettre en œuvre les idées qu'il avait conçues dès sa première jeunesse. Il est incontestable pour nous que, dès ce
temps du monde dramatique (1835), il rêvait de faire paraître sur notre scène des pièces indiennes et chinoises.
Mais, pour arriver à ce but, il fallait qu'un directeur se mît
à sa disposition. Bocage fut ce directeur, et cela nous a valu
le *Chariot d'enfant* que Gérard de Nerval arrangea et mit
en vers, avec la collaboration de Méry.

Cette collaboration était admirablement choisie et pro-
mettait de devenir féconde. Nature souple, talent facile entre tous, Méry, par cette souplesse et cette facilité même,
donnait du ressort à Gérard de Nerval lorsque celui-ci menaçait de se laisser arrêter par des embarras inextricables
de détails. Ensemble, deux ans après le *Chariot d'enfant*,
ils ont fait, pour inaugurer la direction de Marc Fournier
au théâtre de la Porte-Saint-Martin, un drame immense et
qu'aurait dû accueillir le plus grand des succès. Venu en
d'autres temps, l'*Imagier de Harlem* aurait pu opérer une
révolution littéraire. C'est la première, peut-être la seule
pièce que nous ayons en France régulièrement coupée en
tableaux. Le vers s'y mêle à la prose, suivant le lyrisme
ou la familiarité de l'action. Le lieu de la scène change et
se déplace d'acte en acte, embrassant tout le cycle des pays
civilisés à cette époque, sans que l'action cesse de marcher
pendant ces déplacements continuels. L'idée fondamentale
et la portée morale de cette œuvre n'étaient pas moins re-
marquables que sa facture. Car un homme de génie, l'in-
venteur de l'imprimerie, s'y voyait sans cesse aux prises
avec le génie du mal, jusqu'à ce que celui-ci s'emparât de
son invention. Au moment où Satan paraissait sûr de son
triomphe, une jeune fille intervenait, et, aidée de cette foi

qui transporte les montagnes, arrachait son père à l'esprit mauvais.

Gérard de Nerval avait fondé de grandes espérances sur cette pièce, qui lui rappelait le *Faust* traduit dans sa jeunesse, mais Faust, abandonnant les hautes sphères scientifiques, pour ne se livrer qu'à l'industrie. Ces espérances furent loin d'être réalisées. La mise en scène du drame avait exigé des dépenses considérables, et une administration nouvelle craignit de s'aventurer en soutenant énergiquement cette pièce quand les recettes commencèrent à fléchir. Ce fut un rude coup pour Gérard de Nerval. Depuis quelque temps il se sentait malade, et confiait à notre amitié les craintes sérieuses qu'il commençait à concevoir pour l'avenir. En outre, les études mystiques qu'il poursuivait toujours et qui se révélaient de temps à autre par des articles publiés dans les Revues, ramenaient incessamment devant ses yeux les images des fantômes chéris qui troublaient son imagination.

Ainsi s'annonçait cette longue lutte qui devait avoir son fatal dénoûment dans la nuit du 25 au 26 janvier, trois ans après avoir commencé.

Le mal physique s'empara le premier de Gérard de Nerval. Pendant qu'on jouait encore l'*Imagier de Harlem*, un soir, chez son excellent ami Eugène de Stadler, il se trouva pris subitement de douleurs à la tête si intenses, que l'alarme se répandit bientôt parmi nous. Un instant nous craignîmes de le perdre. Nous en fûmes quittes pour la peur; mais il lui resta de cette première atteinte une lourdeur d'esprit qui l'inquiétait plus encore que la maladie. Le travail lui était devenu impossible. Et c'était pour lui un tourment d'autant plus insupportable, qu'en ce moment même la librairie allait publier deux volumes de lui, les *Illuminés*, dans lesquels il faisait entrer divers articles biographiques et critiques publiés une première fois dans les Revues (*Quintus Aucler*, *Rétif de la Bretonne*, *Cazotte*, etc.), et *Lorely*, dans lequel il avait rassemblé les souvenirs de ses divers voyages en Allemagne et d'un voyage récent en Hollande. En même temps sa pensée allait sans cesse chercher dans les années antérieures les bonheurs évanouis. Il vivait comme dans un rêve perpétuel, au milieu de fantômes et de chimères qui lui plaisaient d'autant plus qu'ils revêtaient des formes plus idéales. J'étais devenu son confident. Avec moi, dans ces heures pénibles, il ne craignait pas de mettre à découvert ce qui se passait dans l'intimité de son esprit. J'entrepris de le guérir, et, comme la belle saison était revenue, nous nous mîmes à faire de longues promenades, qui parfois duraient plusieurs jours, dans les environs de Paris. Gérard de Nerval, dans son dernier ouvrage, *Aurélia ou le Rêve et la vie*, a consacré lui-même le souvenir de cette cure entreprise par l'amitié. Pendant que nous allions ainsi, presque toujours à travers bois, à Meudon, à Sèvres, à Saint-Cloud, à Versailles, à Saint-Germain, j'essayai de faire renaître ces ardeurs qui donnent des forces pour le travail. Quand Gérard me rappelait ou les souvenirs de son enfance ou ceux de son amour, j'évitais avec soin de le laisser se perdre dans le rêve et lui vantais sans cesse la puissance de la réalité en littérature. Peu à peu, il sortit ainsi de sa torpeur, et, pour satisfaire à une promesse antérieure à sa maladie, il écrivit, pour la *Revue des Deux Mondes*, toujours friande de sa prose, *Sylvie*, une des œuvres les plus délicates qui soient sorties de sa plume.

Cependant ce n'était qu'un repos de quelques mois accordé par la maladie. Le moindre accident pouvait occasionner une rechute. Cet accident fut la mort du poëte Charles Reynaud. Gérard de Nerval l'avait connu; il voulut lui rendre les derniers devoirs. Mais sa raison ébranlée ne put supporter la vue de la chambre mortuaire et des lieux où il avait naguère rencontré la vie et la gaieté. Je le vis dans la soirée, et je compris à ses paroles qu'il lui fallait encore les plus grands soins et les plus grands ménagements. Un médecin bien connu des littérateurs et des artistes, le docteur Blanche, depuis longtemps ami de Gérard, nous offrit sa maison de santé, et nous y installâmes notre ami au milieu des fleurs rares et des arbres exotiques qui décorent encore cet antique domaine de l'infortunée princesse de Lamballe.

Durant les deux années que Gérard de Nerval a passées dans cette maison, la maladie lui a rarement permis de travailler; mais elle lui a du moins fait connaître quelle affection vive lui portait presque toute la littérature contemporaine. Chaque jour on rencontrait sur la route de Passy des littérateurs qui allaient rendre visite à Gérard de Nerval, les uns jeunes et peu connus encore, les autres depuis plus longtemps dans la carrière et sachant, au milieu de leurs occupations sans nombre, trouver une heure pour aller s'enquérir de leur ami. Mais, quand la santé paraissait revenir, les inquiétudes revenaient avec elle. Gérard se montrait soucieux de l'avenir; il voulait travailler désormais uniquement en prévision de la valeur future de ses œuvres. Aussi tout ce qu'il écrivait était loin de le satisfaire. Son esprit roulait dans un cercle d'idées toutes personnelles dont il se défiait. Alors, lui dont le goût était si pur et que nous consultions sans cesse avant d'affronter l'impression, éprouvait le besoin de se faire lire par un ami, et il m'écrivait :

« Vous avez été un de mes médecins, et je me souviens avec reconnaissance de ces tournées lointaines que nous faisions l'été dernier et où vous me gouverniez avec tant de patience et d'amitié solide. Et maintenant ne m'abandonnez pas, si longue que soit par ce temps-ci la course de Passy. J'ai à vous parler beaucoup. Ce que j'écris en ce moment tourne trop dans un cercle restreint. Je me nourris de ma propre substance et ne me renouvelle pas. De plus, j'ai de l'inquiétude quant au placement de la copie. Venez donc bien vite... »

En feuilletant ses lettres, je retrouve, dans une autre écrite quelques jours après celle que je viens de citer, cette phrase :

« Mon ami, pourquoi n'êtes-vous pas revenu? J'aurais été bien plus vite rendu à la santé. Venez donc très-vite, le matin ou le soir, car je sors dans la journée, — ou écrivez-moi. J'ai bien des choses à vous lire... »

Toute la correspondance de Gérard de Nerval, à cette époque, est empreinte de mélancolie et de tristesse. Il ne reprit un peu de sérénité d'esprit que durant un dernier et court voyage qu'il fit en Allemagne, l'été dernier. Tous nous avions bien auguré de ce déplacement, et, en effet, ses lettres nous rassuraient de plus en plus. Je citerai encore quelques fragments de la dernière qu'il m'écrivit. Elle est datée de Newenmarkt.

« Mon cher Georges, je viens de passer un mois à visiter l'Allemagne du Midi. Je me suis clarifié l'esprit et j'ai repris la forte santé des jeunes années. Munich et Nuremberg m'ont plu particulièrement, ainsi que Bamberg, où j'étais hier. A présent je me dirige vers Leipsick et Dresde. A Strasbourg, les réceptions et les invitations m'avaient encore un peu agité. Pour éviter les occasions, j'ai vu fort peu de monde depuis, et j'ai pris de la force dans la réflexion et la solitude. J'ai beaucoup travaillé, et j'ai même de la *copie* que je ne veux pas envoyer légèrement; le principal, c'est que je suis fort content et plein de ressources pour l'avenir. Du résultat de ce mois seul, il y a de quoi travailler un an. Je me suis découvert des dispositions nouvelles. Et vous savez que l'inquiétude sur mes facultés créatrices était mon plus grand sujet d'abattement... J'ai recueilli beaucoup de choses à faire sur Nuremberg ; c'est décidément la plus jolie ville de l'Allemagne... J'ai fait route hier soir, dans un waggon, avec sept ou huit paysannes bohémiennes qui avaient des costumes d'opéra et qui dormaient sur les bancs et sur le plancher du waggon dans le désordre le plus pittoresque. Cet intérieur ressemblait à un foyer de *marcheuses*, — endormies comme les bacchantes de Boucher. Tout cela est court-vêtu, avec les jambes nues, des corsets pailletés, et des tresses blondes s'échappant de leurs mouchoirs rouges à festons, qui les coiffent comme des sphinx. Que la vie est amusante dans ce pays-ci!... »

Gérard de Nerval nous revint en effet de ce voyage tout ragaillardi, plein de verve et de gaieté. Mais Paris l'attendait, avec ses ennuis, ses inquiétudes, ses anxiétés, et cette fois sa proie vivante ne devait plus lui échapper. Gérard de Nerval essaya vainement de lutter par le travail ; sa tête se rebellait à la pensée d'écrire au jour le jour. Il lui fallait la rêverie pour produire, et la rêverie, c'était le mal dont il devait mourir. Malgré lui, d'ailleurs, ses rêves le portaient vers les bonheurs enfuis pour toujours. Artiste, il devait une fois de plus confirmer cette parole du poète : « Les artistes n'ont jamais tué de femmes, et les femmes ont tué beaucoup d'artistes. » Sa dernière œuvre, qui restera inachevée, *Aurélia*, nous fait voir toutes les tortures, toutes les angoisses de ce cerveau endolori. L'amitié, aux heures de découragement, faisait de vains efforts pour rattacher les fils rompus de cette existence brisée. Rien ne pouvait détourner le dénoûment fatal.

A l'heure de sa mort, Gérard de Nerval était plus aimé, plus recherché que jamais. Aux amitiés anciennes chaque jour avait ajouté des amitiés nouvelles, jeunes, ardentes, vivaces. Tout ce qui sortait de cette plume était par nous tous recherché et lu avec avidité. La *Revue de Paris* et l'*Illustration* ont eu ses dernières pages, et pas un d'entre nous qui ne les ait connues et dévorées dès le jour de leur apparition.

En même temps, Gérard de Nerval s'occupait aussi de théâtre. La Comédie-Française mettait en répétition sa traduction de *Misanthropie et Repentir*, et Arsène Houssaye lui préparait encore de nouveaux travaux. D'autre part, avec Auguste Maquet, — encore une amitié de vingt-cinq ans! — il voulait faire un drame-féerie de la *Main de gloire*, et il était en pourparlers avec Marc Fournier pour une autre pièce au théâtre de la Porte-Saint-Martin. Enfin il ramassait toujours les matériaux d'un grand ouvrage sur le Paris nocturne qu'il rêvait depuis plusieurs années, et c'est pour cela qu'on le rencontrait souvent du côté des Halles, dont il connaissait les moindres recoins. L'avenir semblait donc se montrer sous d'heureux auspices, et cependant, par une froide nuit de janvier, cette existence allait être close brutalement.

Quand la sinistre nouvelle se répandit dans Paris, une consternation suprême entra dans nos cœurs. Pendant quelques jours, toute autre conversation fut suspendue, et on ne parla qu'avec des larmes de ce triste événement. Puis, quand l'heure de rendre à la terre cette dépouille mortelle fut arrivée, la vieille église de Notre-Dame s'emplit d'une foule nombreuse qui venait, pieuse et recueillie, accompagner au champ du dernier repos celui qu'avait perdu la grande famille des arts. Autour de ce cercueil tous les yeux avaient des larmes, toutes les poitrines étaient oppressées. Et, quand le convoi funèbre traversa Paris, les populations comprirent à la douleur exprimée par tous les visages, que ce n'était pas un mort vulgaire qu'on portait ainsi au Père-Lachaise. Sur la tombe il n'y eut que pleurs et recueillement. Quand on se sépara, la même tristesse resta sur les figures, et les hommes du peuple qui déjà nous avaient vus passer sur ce chemin de la mort se dirent : Il devait être bien aimé, celui qu'on regrette ainsi !

Aimé, il l'était en effet, ce bon Gérard de Nerval, aimé de tous, excepté de celle qui aurait pu lui rendre la vie si douce ! Elle l'avait précédé dans la tombe, et cette mort était encore une des souffrances de Gérard. Depuis cet événement, aucune femme n'aurait pu le consoler, parce que sa douleur était de celles qui se cachent pudiquement. Jenny Colon était restée cet idéal que tout artiste poursuit ; Gérard s'acharnait au sien avec le regret, comme d'autres s'acharnent au leur avec l'espérance. Il avait sans cesse besoin de regarder dans son existence antérieure avant d'égarer sa pensée aventureuse dans les espaces infinis. Et quand celle-ci avait pris son vol, elle ne savait où s'arrêter et se fixer entre toutes ces philosophies mystiques qui avaient laissé quelques-uns de leurs lambeaux dans ce cerveau studieux. La femme aimée prenait alors toutes les formes suprêmes des cosmogonies disparues, et l'écrivain revenait de ses voyages fantastiques avec un style et des couleurs qui n'étaient qu'à lui.

Si l'on veut connaître et apprécier la place éminente que Gérard de Nerval occupait dans l'art contemporain, il suffit de constater la douleur unanime qui se manifesta dans les lettres à la nouvelle de sa mort. Dans les journaux, dans les revues, pas un de nos écrivains d'élite qui n'ait voulu payer son tribut de regrets à cette mémoire chérie. Et puis tous, sans distinction d'âge ni de célébrité, mêlés à des artistes, à des libraires, à des imprimeurs, à tout ce qui touche aux œuvres intellectuelles, se retrouvèrent autour de la fosse ouverte pour prononcer le dernier adieu.

Maintenant, tout ce bruit s'est un peu apaisé. Mais, dans les cercles qu'il fréquentait, on parlera longtemps encore de Gérard. Car, « aux heures tristes, on se retrempe en parlant de ceux qui nous furent chers. » Longtemps un pieux pèlerinage conduira nos pas vers le tertre de gazon que recouvre une dalle de marbre noir avec cette inscrip-tion :

CI-GÎT

GÉRARD DE NERVAL.

GEORGES BELL.

Ce travail a paru dans L'Artiste. — Mars et avril 1855. —

PARIS. — TYPOGRAPHIE SIMON RAÇON ET COMP., 1, RUE D'ERFURTH.

www.ingramcontent.com/pod-product-compliance
Lightning Source LLC
LaVergne TN
LVHW022210080426
835511LV00008B/1686